Schwäbischer Herbst

Schwäbischer Herbst

Neue Gedichte
von Sebastian Blau

Deutsche Verlags-Anstalt Stuttgart

16.–18. Tausend 1976
 Schutzumschlag: Atelier Frick-Kirchhoff. Gesetzt aus der Linotype-Janson-Antiqua. Gesamtherstellung: Deutsche Verlags-Anstalt GmbH., Stuttgart. Printed in Germany. ISBN 3 421 01666 6

Vorbemerkung

Fast dreißig Jahre ist es her, seit „Die Schwäbischen Gedichte des Sebastian Blau" erschienen sind. Seitdem hat er keine mehr gemacht. Er ist oft gefragt worden, warum nicht? und er hat darauf einmal (1955) in der Stuttgarter Zeitung geantwortet:

Warum ich nicht mehr schwäbisch dichte
›en ao'sre süaße Na'setö'?‹
Erlaßt mir, Freunde, die Geschichte –
s ist älles bloß e' Weile schö' . . .
Und überhaupt, schon Mörike
sprach dazu das Gehörige:
gefragt, warum er denn so still,
so untreu worden sei der Muse,
versetzte dieser kühl: „Frog du se –
wenn halt des Luader nemme will . . ."

Er fühlte sich der kleinen und engen Welt, die er im Gedicht darzustellen und im Wort zu konservieren getrachtet hatte, entwachsen. Vor allem aber fürchtete er, das Weitergehen auf dem ausgetretenen Weg könnte so langweilig werden wie eine Chaussée oder, schwäbisch gesagt, das Weitermachen könnte zur Leier werden.
Und nun, nach Jahrzehnten, ist es plötzlich wieder über ihn gekommen, „schuckweis wia en dr Büh-

lemer Mühle". Das mag mit dem Alter zusammenhängen, das ja zurückzublicken und Erinnerungen aufzufrischen liebt. Der äußere Anstoß scheint purer Zufall zu sein: Sebastian Blau war, eben beim Sich-Erinnern, die erste Strophe eines heiteren schwäbischen Gedichts eingefallen, das er, wohl als sein erstes, noch in der Schule gemacht hatte. Aber auch nur die erste, auf die andern Strophen konnte er sich beim besten Willen nicht mehr besinnen. Es reizte ihn, das Fragment zu ergänzen, wenn das Ganze schon nicht mehr zu rekonstruieren war. (Der Leser darf raten, welches er im Auge hat . . .) Und siehe da: zu seinem eigenen Erstaunen konnte er es noch – oder wieder! Der so lange versiegt gewesene Quell sprudelt aufs neue, und so ging Sebastian Blau noch einmal ans Brünnele, trank aber fest . . .

Freilich gehen viele seiner neuen schwäbischen Gedichte aus einem andern Ton als die alten, auch diejenigen, die Erinnerungsbilder aus der Jugend wachrufen. Vor allem jedoch die auch ihrem Stoff nach neuen, zu denen ihn sein Alter und Beobachtungen aus seiner heutigen Welt, die freilich auch nicht „die große" ist, angeregt haben. Der Titel „Schwäbischer Herbst" scheint ihm darum nicht ungereimt: nicht jede Lese ist ja süß, es gibt auch „räße" . . .

Aber treu geblieben ist Sebastian Blau seiner Muttersprache, seiner Rottenburger Mundart. Weil diese sich in manchem vom Gemeinschwäbischen unterscheidet, scheinen ein paar Bemerkungen über ihre Eigenheiten hier am Platz zu sein, um dem vielleicht befremdeten Leser Lektüre und Rezitation oder wenigstens das Verständnis zu erleichtern.

Die Mehrzahlendung bei Verkleinerungsformen lautet statt gemeinschwäbisch „-le“ bei uns „-len“ (Mädlen, Kloadlen, Kränzlen). Vor n, sch, st, t (d) und z (ds) fällt ein vorausgehendes r aus oder wird nur angedeutet, dafür wird der Vokal davor gelängt oder diphtongisiert: Latean (Laterne), „Tuun“ (mittelhochdeutsch „turn“, neuhochdeutsch Turm), Hiin (Hirn), Kiische' (Kirschen), zeeste' (zuerst), Wiit (Wirt), wuud (wird), Woat (Wort), Keez (Kerze), Schmeaz (Schmerz) usw.

Die Zahlwörter „zwei“ und „drei“ haben nach ihrem grammatikalischen Geschlecht verschiedene Formen: „Zwei“ lautet sächlich „zwoa“, weiblich „zwue', männlich „zwee“. „Drei“ ist sächlich „drui“, männlich „drei“, als weiblich können beide Formen gebraucht werden.

Das Zeitwort „kommen“ lautet in der zweiten Person der Einzahl „konnst“ (kommst), in der dritten „konnt“ (kommt).

Sollte diese „Spätlese“ bei den Freunden unserer heimischen Mundart das gleiche Echo hervorrufen, wie es den „Schwäbischen Gedichten des Sebastian Blau“ zuteil geworden ist, so würde das ihrem Verfasser noch größere Freude machen als die Gedichte – vielleicht – dem Leser. Denn auch für sie gilt, was Schiller in seiner Abhandlung „Über naive und sentimentalische Dichtung“ von der Komödie sagt: ihr Ziel sei, mehr über Ungereimtheit zu lachen als über Bosheit zu zürnen oder zu weinen. Es mag offenbleiben, welche Bosheit Schiller dabei im Auge gehabt hat: die der Personen und Umstände der Komödienhandlung oder die des Komödienschreibers. Oder beide ...

J. E.

„Schwätz schöner!“

Wia oft hot mi mei’ guate Mamme’
vermahnet ond am Aöhrle packt:
„Schwätz net so wüst und nimm de zamme’,
mr sagt net ›gsait‹, ma’ sait doch ›gsagt‹.

Benimm de, wie sichs ghört und lass
de ganz klei’ bißle A’stand lehre’.
Und sellen Ausdruck von der Gass,
den möcht i fei’ net nohmal höre’!“

Wia tät mei’ Muater ›sich entsetze’‹,
und dees beim leiseste’ Verdacht:
s häb ihrem Bua’ des wüaste Schwätze’
sogar en Name’ gmacht!

En alter Grabb

Früher, aohne grooe Hoor,
hao'-n-e gsonge' wia e' Gstor.
Aber seit e über sechzge,
seit e nao noh krächz ond ächzge,
sag e halt: s ist ghupft wia gspronge',
besser kräht als gar et gsonge'.

Schnai

Uf Dächer, Bööm ond Weag ond Zäu'
soweit ma' sieht, leit tiafer Schnai;
r ebnet älle Bückel ei'
ond macht de schärfste Kante' rond.

Ond wenn dr Luft e' Wolk verrupft,
daß d Sonn aus schmalem Spältle schlupft,
noh glitzget d Welt mit Silber tupft –
ond wärs au nao e' halbe Stond.

Ma' de'kt so gearn a' d Kenderjohr
em Alter zruck, ond s konnt oam vor,
als mache oam de weiße Hoor,
was kromm gsei', grad ond s Spitzig rond . . .

Studente' 1911

1

Tübenge' leit bei Raoteburg;
selt geits Studente' – maih as zehlt,
ond nia' noh hots en Raoteburg
a' schöne Mädlen gfehlt.

Ond weil so gearn bei selle dia,
ond selle au bei deane glitte',
send selle oft a' schöne Täg
uf Raoteburg nuf gritte'.

Stolz reitet se ens Städtle ei'
uf Schemmel, Schecke', Rappe', Füchs,
mit raote Kappe', Sametröck –
i glaub, ma' sait ›em Wichs‹.

Se hend en Allmachtskrattel ghet,
de' machst dr koan Begriff devo':
s hot jeder tao', als sei er vom
Grof Göckele dr Soh'.

Ond manche hend de' halbe' Kopf
verpflästret ghet ond s Gsiicht schempfiert,
als hetts dr Lehrbua' vom Frisör
zom eeste' Mol rasiert.

Ond Pfennig hend se ha'dvolweis
vom Gaul ra onter d Buabe' gheit –
ma' hot grad gmoa't, dr Rothschild ghaör
  zu ihre Gvattersleut.

Noh machet se am „Bäre'" Halt,
ond älls em Haus ist nao so gloffe',
dr Bärewiit, dr Johann, s Fass –
  so hend die Herre' gsoffe'.

Ond zletzte' hend se d Wiiten noh
hochleabe' lao' (dia ist verschlupft),
hend d Gläser uf de' Bode' gheit
  ond ihre Kappe' glupft.

„Drei Röselein, drei Röselein,
die pflanzt' ich auf mein Grab, vallera!"
So reitet se zom Städtle naus
  ond s Neckertal wied na . . .

Nao oam paßts et: em Bolezei,
s ist sust e' seeleguater Ma';
der hot d Studente' uf dr Latt
  ond bruttlet vor se na':

„Daß mir en ao'srer brave' Stadt
dia Schwittjeh müaßet dulde'!
Dia send doch nonz ond hend doch nonz
  als Räuch em Kopf ond Schulde'."

2

Se sitzet still enander gegenüber
am Vesper: Brot ond Käs ond Most;
ma' siehts ne' a', dia zwee sennieret drüber:
wia brengt ma's uf, ond was es kost?

Dr Bua studiert. Dr Pfarrer ond dr Lehrer
hend boade gsait, s wär Send ond Schad,
wenn dear et weitermach, denn später wear r
mit so me' Köpfle gwieß Prälat.

E' Zeitlang hot r Pfarrer weare' wölle',
zmol hot r gsait, r sattle om,
als Lehrer kriag ma' besser zahlte Stelle',
r sei vielleicht au z wenig fromm.

Zeest hot dr Vatter zoanig mit em gstritte',
ond d Muater konnts noh herber a',
ond zletzte' hot ma's halt, gottsname', glitte',
au wemma's kaum verkrafte' ka'.

Ond *wa* des kost! Se müaßt noh ärger gruppe':
statt Brotes geits e' raote Wuust,
ond statt Kaffee am Obed brennte Suppe',
ond Most statt Bier für Vatters Duust.

Ma' dreht de' Pfennig rom, s Studentle aber
tritt schnurstracks en d Verbendong ei:
ond loht ses wohlsei', wia dr Gaul em Haber
ond leabt uf Beit ond langet nei':

r reitet, ficht ond sauft ond amesiert se
ond loht se zom Studiere' Zeit.
De Alte schaffets kaum – ond ear scheniert se,
daß grad de seine ›grenge Leut‹.

E'Wonder

„Gang, Büable, hol en Zehner Bier,
i schneid derweil de' Rätig,
bei deare Hitz verschmacht e schier –
bis d konnst, ists Vesper feetig."

D Lammwiite sait: „Gibs Krüagle her!"
ond lohts am Hahne' schomme'.
Ond d Wiitschaft ist noh lotterleer –
wer wuud ao iatz schao' komme'?

Dr oa'zig Gast am Tisch em Eck
hot Duust – ma' haörts am Zische' –
ond kaum ist so e' Schoppe' weg,
noh bstellt r glei en frische'.

Ond sengt ond sengt aus volem Hals
oa' Liadle noch em andre',
r sengt vom ›Jäger aus Kurpfalz‹,
vom ›Rehlein‹ ond vom ›Wandre'‹.

r seng, sait d Wiite, schao' e' Stond,
sei' Bierglas bhäb deneabe',
ond sag, r häb koan bsondre' Grond,
nao Duust ond Freud am Leabe'.

„Iatz, Büable, lauf! sotts ebbes gea',
ond will dei' Muater schelte',
noh saist, de' häbst en Zfriedne' gseah',
ond Wonder seie selte'."

Beim Frisör

s Blättle host dr könne' spare',
s hots d Frisörstub oam ersetzt:
beim Frisör host älls erfahre',
wa ma' so em Städtle schwätzt.

Äwel hot rs Thema gfonde'
ond r hot se nia' verschätzt,
ob ma' mit de bessre Konde'
hochdeutsch oder schwäbisch schwätzt.

Ond derweil ma' aohne Krage'
sich uf sellen Stuahl hot gsetzt,
hot r Schomm em Schäle gschlage'
ond dezua' vom Wetter gschwätzt.

Ond r hot de' Bemsel gnomme'
ond oam s Maul mit Schomm verplätzt
ond oan ei'gsoaft wia en Domme'
ond vom nuie' Stadtrat gschwätzt.

Ond solang r a' me'-n-alte'
Leaderreame' s Messer gwetzt,
hot ma' selber s Maulwerk ghalte',
ear hot vo' re' Haohzig gschwätzt.

Ond noh hot r gschabt ond gschärret
– Herr, wia hot des Messer kretzt! –
ond hot gscholte', tao' wia närret,
ond vom Steurezahle' gschwätzt.

Zletzte' oan noh trocke' griebe'
mit me' Handtuch, arg verfetzt,
ond de' Kassezettel gschriebe'
ond vom teure' Bierpreis gschwätzt.

Feetig host noch woaß-was gstonke' . . .
ond mit „Sodele“ ond „Jetzt“
hot r schao' em Nächste' gwonke'
ond de' gleiche' Schofscheiß gschwätzt.

E' Rei'gschmeckte

(e' Disput em ›Engel‹)

Dr Eest:
„Guate'-n-Obed, vo' wa hend rs?
Hend r wied uf oan en Pik?
Ganz mei' A'sicht, ebbes Menders
geits jo et wia d Boledik."

Dr Zwoat:
„Nao', mr hends vom Eugen sei're:
schao' dr Name' ›Xenia‹!
Mua' ma' denn e' Fremde heire',
au noh vo' selt dobe' ra?"

Dr Dritt:
„s hett Partie' gnuag em Städtle
mo ma'-n-ebbes hot ond ist;
naotfalls hett r au durs Blättle
oane wia desell verwischt."

Dr Viert:
„s fend halt jede ihren Domme'.
Dia hot tao' – descht *mei'* Verdacht –
grad as wüßt se, wie ma' vom e'
Fuuz en Epfelküachle macht."

Dr Eest:
„Ufgmacht ist se wia d Barone,
aber mit de Leut leschär.
D Nähre sait, se sei et ohne,
ma' verstand se nao so schwer."

Dr Zwoat:
„Hot se ebbes? Ka'st ufs Äußer
nonz gea': selt send d Würfel rond,
selt ist jeder Bullebeißer
glei e' Bernardenerhond."

Dr Dritt:
„Ond des Gschmus ond Gschleck ond Gschnulle:
er sait ›Schätzle‹, sie sait ›Schatz‹;
freilich, a'fangs sait ma' ›Mulle‹,
waate'! dear sait au noh ›Katz‹!"

Dr Viert:
„Wia e' Geitefüdle' schnattret,
wenn ses ufmacht, ihre' Maul . . ."

Dr Eest:
„Ond de Dei'? ist dia verdattret,
ond de Mei' uf dia Art faul?"

Dr Viert:
„Lass! des Thema wuud mr z heikel,
s goht me nonz a', wean r nemmt . . .
Auf! wia wärs mit ao'srem Gaigel?
Hauptsach, daß es Gsangbuach stemmt."

„Der Schelling und der Hegel…"

Bei ao's kennt jedes Pfetschekendle
dean Spruch ond hot en Krattel druf.
Schao' reacht, nao fallet au em Ländle
de Domme noh viel weniger uf.

Die Verse aus einem um 1845 entstandenen Gedichtfragment von Eduard Paulus lauten:

Der Schelling und der Hegel,
der Schiller und der Hauff,
das ist bei uns die Regel,
das fällt uns gar nicht auf.

E' Raoter

Dr Deng ist nia' ge beichte' gange'
ond nia' en d Kirch, au 'et zom Schei';
en d Höll tät dees alloa' schao' lange; –
ond ear ist au noh Soze gsei'.

Wia hot r uf d Beamte gscholte',
ufs Kapital ond uf Berlin!
Ond gar nonz hot dr Wilhelm golte':
„Drsell mit seine Füüz em Hiin."

Ond d Offizier ond d Fabrikante'
dia ghaöre mol en Senkel gstellt,
ond d Reiche müaß ma'-n-äll vergante' –
eest *noh* wears anders uf dr Welt.

Er tät se, wenn r reich wär, schemme',
solangs noh so viel Arme häb,
drom müaß ma' für de' Bebel stemme',
wenns wieder Reichtstagswahle' gäb.

Nao ear alloa' vom ganze' Städtle
hot Blooe' gmacht am eeste' Mai:
e' raote Bloam, e' raots Krawättle
zom Sonntigstaat – so wills d Partei.

I siag: Respekt! En selle Zeite'
hot dodezua noh ebbes ghaört,
daß oar es Geld ond d Obrigkeite'
so wenig ästemiert ond aehrt!

I hätt en fast zom Muster gnomme',
tät heut noh s Hüatle vor em ra,
wär nao et selle Erbschaft komme'
vom Onkel aus Amerika.

Maih Geld als andre hao', macht reicher –
a' Sorge', mo koa' Armer kennt,
ond wer zo Geld konnt, dear wuud gleicher –
mit selle Leut, mo ebbes hend.

E' Haus muaß her, e' Werkstatt, Gselle'!
Iatz ist dr Deng e' gmachter Ma' –
de'-n-alte' Schreier ond Rebelle'
dean sieht ond haört ma'-m nemme a'.

r goht en d Kirch, r grüaßt d Beamte,
ist stolz uf sein gstudierte' Bua',
ond haört r mol ›Wacht auf, Verdammte ...‹
noh hebt r boade Aohre' zua ...

Niedernauer Idylle Nr. 2

Em Sommer ist noch Niedernau
äll Johr e' Kurgast komme',
e' noble Dam, e' bessre Frau,
ond hot selt Bäder gnomme'.

Em Chaisle ist se rond ond fett
äll Tag spaziere' gfahre' –
morom au et? se hots jo ghett
ond hot et müasse' spare'.

Se sitzt em Polster steif wia Dock
ond loht Brillante' glitze',
se hot sogar am Onterrock
noh Falbele' ond Spitze'.

Ond s Personal bugsiert se rom
mit He! ond Fengerschnalze':
mol ist e' Gabelzenke' kromm,
noh wieder d Supp versalze'.

Ond wia se schwätzt! o heidenei',
des ka'-n-e gar et schildre':
des tuat so nobel ond so fei'
wias Hochdeutsch vo' de Fildre'.

Ond wer et ›Frau Tirekter‹ sait,
zwanzg Mol am Tag, beim Grüaße',
dean loht ses voler Schadefreud
am Trenkgeld bitter büaße'.

Vo' ihre' haört ma' nia' en To',
moher se-n hot, dean Titel,
moher se hot dia graoß Pensio' ...
ond descht e' nuis Kapitel:

No jo, se ist halt Denstmagd gsei'
ond hot me' reiche'-n alte'
Direkter vo' re' Brauerei
sei' Haus en Oadnong ghalte'.

Se hot em kochet, hot en pflegt
ond nia 'd Geduld verlaore',
ond sich als Bettfläsch zua-n-em glegt –
au, wenns en gar et gfraore'.

Ond schliaßlich hot se-n soweit ghett,
mona' se lang schao' gsteuret:
r hot se uf em Taotebett
am End sogar noh gheiret ...

Ond dorom fährt se wia e' Protz
seit sellem graoße' Rutscher
durs Bad, als sei se d Gräfin Rotz,
zwoaspännig ond mit Gutscher.

Om Martene

Desell: dia tät e et empfehle',
dia sait mr z oft, se sei so ehrlich.
Des ist koa' Fehler, nao beschwerlich:
do müaßtest äwel d Löffel zehle'.

Dr Troom

Er:
Heut naacht em Troom . . . i mua' me beinoh
schemme' . . .
em Troom heut naacht . . . de' därsts et übel-
nemme' . . .

Sie:
Wa gacksest so, host ebbes uf em Gwisse'?
Raus mit dr Farb, iatz will e s vollzger wisse'.

Er:
Des Deng ist so: ma' troomet ond vergißt
des Zuig, des domm, schao' morgneds noh em Bett,
degege' dees vo' nächt vergiss e et:
ma' hot me, heb de, Weib!, em Troom verküßt.

Sie:
Wean – di? i glaub, du gohst en d Aberwitz!
Iatz sticht me aber doch dr Wonderfitz:
Derwele' send au ihre Küss' so foal –
am End be'-n-i dees gsei'?

Er:
Em Gegetoal:
e' jongs, frischs Rösle aohne Doane'
ond guat postiert dehenterom ond voane'.
Se hot vor Temprement ond Leabe' gsprudlet
wia Bronnestub ond mi . . .

Sie:

. . . aha' vernudiet.

Ond wa host du, du alter Dackel tao'?

Er:

I hao' mrs halt, gottsname', gfalle' lao'.

Sie:

Ond mo ists gsei'?

Er:

I sag dr jo, em Troom –

Mo host drs *du* denn vorgestellt – uf me' Boom?

Sie:

Ond ka' se koche', stopft se deine Strömpf
ond macht se dr wia i de' Kuchebuddel?
Vertrait se deine Mödelen ond Krämpf,
hot dodezua dei' Heckerösle d Kuttel?

Er:

Des muaßt se selber froga', i woaß nao:
so schö' wia dia hot mir noh koane tao',

Sie:

Iatz woaß e s ganz gwiß: d Mannsleut hend en
Sparre',
onds s braucht et viel, noh send se ganze Narre'.
Des sag e dr: dia schass e naus zom Tempel,
ond du ka'st mit re' gaoh', du alter Sempel.

Er:
Ond wenn se wieder konnt, vielleicht heut naacht –
wa noh?

Sie:
            I hao' e' Mittele, gib aacht:
i nemm heut Obed s Wellholz mit ens Bett,
ond wenn e merk: iatz hot s-en en dr Klupp,
noh lang e nüber ond versalz re' d Supp.

Er:
Nao langsam, so schnell schiaßet d Preußе'-n-et.
Morom denn alleweil so hudle'?
Zeest därf se me nohmol vernudle' . . .

Stondeleut

Schwaaz dr Huat ond schwaaz es Fräckle,
ond s Gehabe gsalbet fromm,
ond e' gottergeabes Gschmäckle
om de' ganze' Ranze' rom.

Besser sei' als andre Mensche',
oder toa', wia wenns so wär,
ond em Neabebruader wensche',
daß er au vollkomme' wear . . .

Ond dr baöse' Welt em Zweifel
mit dr Schrift en Dämpfer gea',
s Glüst veraachte' ond em Teufel
scharf uf d Sendefenger seah'.

Gopfersprich en Onterhose'
mit seim Weib ge schlofe' gaoh'
ond em Naotfall s Liacht ausblose',
sott ses et verhebe' lao'.

Und vo' Bibelstelle' bständig
triale' ond uf Erde' schao'
vom HErr JEsus oagehändig
s Freibillet en Hemmel hao' . . .

Glaubsch mrs, daß vor sotte Denger
s Kreuz sogar dr Teufel schleecht
ond ob deane Stondegänger
schier katholisch weare' möcht?

Antipathie

„I ka' de et leide', basta!" – „Morom?"
„Weil de' mr zwider bist, frog et so domm!" –
„Morom be-n-e zwider, sag mrs doch so rom?" –
„Weil e de oa'fach et leide' ka' – dorom!"

Dr Froleichnamstag

Schao' morgneds am faë'fe läutet ma zemme':
„Iatz raus aus de Feadere', tät me au schemme'!
Se bloset schao' Tagwach ond trommlet oan raus –
do stoht dr Kaffee, iatz naus aus em Haus!"

So schö' hot ma' d Stadt schao' lang nemme gseah':
vo' Birklen ond Tännelen älles grea'.
Was Fahne', Girlande'-n-ond Bloamesträuß
ond Tafle', Figure'-n-ond Tannereis!
Uf älle Stroße'-n-e' Gschmack wia em Heuet
vom Gras, mo se krätteweis überal streuet.

Vom Märktplatz bis zur Obre' Bruck
konnst schier et fürsche vor Gedruck,
s ist nao e' Rom- ond Nomgepuff:
selt stellt ma' d Schualerbuabe'-n-uf.

Ond iatz gohts laos, dr Mesmer lupft
sei' Allmachtskreuz en d Haöh ond stupft
d Menstrante': „Auf, lend d Fahne' flattre'!
Ihr Buabe', haöret uf mit Schnattre'."
Dr eest maschiert e' ganzalloa'
vor älle draus: e' Gsiicht aus Stoa',
en gwichste' Bart, e' Bickelhaub
ond weiße Hä'dschig mit Verlaub:
dr Bolezei! *Vor* Kreuz ond Fahne'
därf dear de' Weag em Bischof bahne'.

Wia fahret iatz dia Rosekränz
aus Hosesäck ond Schwalbeschwänz!
Dr Felle bettet vor ond billt
wia Spitzerhondle, wenn r schilt.

Noh kommet d Mädlen, saubre Docke',
mit Schloafe', Kränzlen, brennte Locke',
mit gstärkte Kloadlen, weiße Schuah –
bei deane gohts viel bräver zua:
se streut Blöamlen, senget ond
e' Schwester macht de' Schäferhond.
Sechs ältre, graößre, extra schöne –
i schätz se om de siebezehne –
dia traget uf me' Stangegrüst
ond gucket et noch hott ond hist,
als sei des ebbes streng Verbottes,
e' Gipsfigur vo'r Muater Gottes.
O Susann, s goht mr et reacht ei':
e' so bravs Mädle seiest gsei'? . . .
Noh frömmer schiergar konnt dernoh
dr Jongfrebond en Weiß ond Bloo;
dia send em Bette' bsonders fleißig –
eest reacht deselle über dreißig.

Ond noh, ma' muaß et froge' wer?
konnt d Musik vo' dr Feuerwehr.
Dr Dirigent, dr Moritz Bengel
mit Backe' wia Posaune-Engel,
loht Triller naus, des hiacht ganz schrill,
ond bloset, was zom Raohr naus will.
Dr Kirchechor beim beste' Wille'
ka' dia Trompet et übergrille'.

Zom eeste'-n-Evangelium
gohts über d Bruck ge Egne' nom.
Selt hot ma'-n-en Altärle baut
aus Bloame', weiß ond geal ond raot.
Dr Bischof stellt d Monstranz druf na'
ond räucheret ond bettet a'.
Ganz dusma' sengt dr Kirchechor
em Herrgott s ›Tantum ergo‹ vor,
e' Haierle liest aus dr Schrift
e' Stell, mo s heutig Fest betrifft.
Ond zletzte' kriagt ma' noh de' Seage',
ond älles knublet na' derweage'.
Do machts uf oa'mol Bom! Bom! Bom!
wer fremd ist, moa't, e' Wetter komm –
ja, d Artillrie vo'r Bürgerwach
ist heut mit Leib ond Seel ber Sach!

Ond weiter gohts, s maschiert verbei
dr Gselle'-, Gwerb- ond Turnverei',
dr Zitherklub, dr Schützebond
ond d Lehrerschaft, dr „Frohsinn" ond
als nobelster dr „Liaderkranz"
ond als de letzte, ganz am Schwanz,
mit Blechlen ond mit Schirm d Vetrane' –
ond älle, älle mit de Fahne'.

De uralt Urbesbruaderschaft
leabt s Sprichwort vor, dr Wei' gäb Kraft.
Do guck: zwoa' Dutzed gstandne Manne'
(drei Liter wuud e' jeder banne')
em Brotesrock; dr Stamm devo'
verlupft se schier am Schutzpatro',

am Heilige' Urban mit dr Traub
(sell ist e' Bapst gsei', wia-n-e glaub).
r wacklet uf seim Gstell – no jo,
wenn dear et weifle' därf, wer noh?

Em Schritt ond Tritt konnt d Bürgerwach –
do soll ma' bette'? so e' Krach!
Des Tschinderätätä Tschingbom,
des gheit jo älle Heilige om.
Se könnet spiele', was se wend,
s wuud älleweil e' Marsch am End.

Am schö'gste'-n-ist dr Schelleboom,
noh heut verkonnt mr dear em Troom:
dia Glöcklen – guat zwoa' Dutzed sends –
ond selle weiß ond raote Schwänz . . .
  Ond noh mit blankem Sarras
  em Stechschritt wia beim Barras
  dr Hauptma' vor dr Fah' –
  e' Mannsbild vo' me' Ma'!
Dehenter, voler Stolz au sie,
wia Bleisoldate' d Kompanie.

Ma' hält; ond wieder tuats Bom! Bom!
beim zwoate'-n-Evangelium.
s macht warm, ma' schwitzt beim Weiterrucke',
ond en dr Sonn wuuds Gras schao' trucke'.

Wer send de nächste? D Schwestre' sends;
se knopplet a' de Rosekränz.
Dia fruuts, des därst mr blendlengs glaube',
ganz gwiß et onter ihre Haube'.

Ond iatz em Chorrock ond Ornat
ruckt a' dr schwäbisch Kirchestaat:
zeest d Haierlen vom Seminar
ond noh d Kaplä' ond noh d Vikar
ond d Pfarrer ond em letzte' Drittel
de haohe Herre' vom Kapitel.
Se traget Keeze' en de Händ,
vo' deane d Hälfte nemme brennt.
E' Toal sengt nom, e' Toal sengt rom
– ma' hoasts e' Responsorium –
lateinisch, weil dr liabe Gott
Lateinisch halt am liabste' hot.

Fürs Hauptstuck bei dr Prozessio',
mo iatz konnt, gilt e'-n-andrer To':
s wuud mäuslestill, e' silbrigs Gschell
verköndt de Leut ganz fei' ond hell,
daß iatz es Allerheiligst komm.
Ond älle Gucker knublet fromm
en Stroßestaub ond faltet d Händ
vorm Leib des Herrn em Sakrament.
Des zwengt, ond wärs ne' noh so nui,
sogar de Luthrische uf d Knui.
Menstrante' schwenket s Weihrauchfaß
ond schellet aohne Onterlaß,
ond ontrem Hemmel trait d Monstranz
dr Bischof selber – eme' Glanz
vo' Gold ond Stoa', als fiel e' Strahl
vom Hemmelreich ens Neckertal.

Schao' wieder hält ma' – Bom! Bom! Bom! –
am dritte'-n-Evangelium.

Nao schad, daß ma' vo Kopf bis Fuaß
vom Bette' gar so schwitze' muaß.

Zu guater Letzt, em graoße' Haufe'
därf mit, wer grattle' ka' ond laufe'.
Zeest kommet d Manne': jonge Leut
vermischt mit Alte, wia ses geit.
Wia aus em Schächtele e' Geck
lauft neabem Ähne mit zwee Stöck
ond neabem Rollekopf e' Glatze.
En Haohzigröck – ma' moa't, se platze –
dr Ulmer, Vollmer, Saile, Norz,
dr Schiebel, Stemmler, Stier ond Storz.
Au dear, mo faë'fe grad sei' loht
ond nao äll Johr ge beichte' goht,
ist heut debei – morom rs tuat?:
vielleicht seis doch für ebbes guat . . .

Sogar beim Weibervolk tend heut
de Bessre so wia anderleut.
s ist älles durenander gmischt:
de oane senget „O mein Christ"
(send *dia* ber eeste' Stroph em Text,
noh plärret selle schao' de nächst);
de andre leiret d Litanei –
des ist e' schöne Betterei!
Ond dia zwua tuschlet voler Spott:
„Wa dia wied für en Huat uf hot!"
So zottlet se mit lange Röck
durs trucke' Gras – des stäubt wia Dreck.

Zom letzte' Mol tuats Bom! Bom! Bom!
beim vierte'-n-Evangelium.
Vo' do, gottlob, ists nemme weit
en Domkirch – s ist au höchste Zeit.

Wia kühl ists do noch dere' Hitz!
Ma' pfloa'tschet uf de' nächste' Sitz.
Dr Kirchechor konnt nohmol dra':
r stemmt es ›Halleluja‹ a'
ond grillt ond kräht en oam Trom fott.
Ond nochher sengt ma' ›Großer Gott‹,
dr Bischof geit de' Wetterseage'
ond bettet om e' bißle Reage'.
Ond d Orgel loht paar Triller naus,
  ond noh ists aus.

s wär Zeit iatz zom Esse', nao d Weibsleut stend
ber Kirch omenander ond fendet koa' End
mit ihrem Gsalbader ond Gschnader ond Gschetter.
Do tuat es uf oa'mol en dondrische' Schlag;
des ghaört zo deam Fest: käm heut et e' Wetter
noh wärs jo koa' reachter Froleichnamstag.

Dr Herr Redaktör

Wer ist schweezer als e' Nigger?
Wer ka' schreibe' so wia dear?
S ist e' Ma, r hot en Zwicker,
fromm ist ear ond Redaktör.

O wia schreibt r schö' ond gsalbet
über d Leut ond über d Zeit,
ond wenn mol e' Kuah verkalbet,
brengt rs uf dr eeste' Seit.

Jede' Samstig strapleziert r
schwaaz uf weiß sein Dichtergaul,
Jubilar ond Gstorbne schmiert r
zuckersüaße' Brei oms Maul.

D Liberale hot r gfresse',
bei de Soze sieht r raot;
s zwoat Gebott ist zmol vergesse',
wenn rs uf de' Deckel haut.

Ond r zuht bis uf de' Bode'
vor de Haierlen de' Huat,
ond s verschleecht ehm schier de'-n-Ode',
sait oar, s Bette' schmeck scheints guat . . .

Stolzer noh as wia „dr Stenker“
lauft r am Froleichnamstag
neabem Hemmel, ond em Schwenker
bei de Leiche’ en dr Klag.

Älls am Stammtisch woaß r besser,
Boledik ond Konst ond älls;
gscheiter als dr gscheitst Professer
sait r: „Marie, noh e’ Hells!“

So ists gsei’ ond so ists bliebe’
Johr für Johr, statt Modekrämpf
hot rs Alt de Leut verschriebe’ –
voaneweg de’-n-oagne’ Senf.

Aber jedem schleecht sei’ Ständle,
mo-n-r schwach ist – o Malör:
d Marie, sait ma’, kriag e’ Kendle!
Ond vo’ weam? Vom Redaktör.

E'Komplement

„Wer ist gstorbe', Taotegräaber?
Send r fleißig, lauft es Gschäft?"
Dear hot gwuahlet wia e' Neaber,
bicklet, gschauflet, pafft ond bäfft:
„Et so leicht wia andre s Gaffe',
mir ist tao' für d Langeweil,
i muaß schaffe', ond vom Schaffe',
sait ma'-n-älls, verrecket d Gäul.

Sechzge wemma' nohmol wär,
fiel des Deng oam et so schwer,
aber so . . . i will et klagne',
stand e manchmol au en gschlagne'
Tag a' so me' Dondersloch
drui- ond viermol en dr Woch.
Wia-n-es schaff, ist deane gleich:
s Grab muaß feetig sei' zur Leich.

Descht en Arbet zom Senniere':
Morom hudle'-n-ond pressiere',
wenns emol uf Sülche' goht?
s konnt en Hemmel neamed z spot,
narr, ond en dr Ebigkeit
hot ma' lang zom Gruabe' Zeit.

Jong ond Alt ond Arm ond Reich
send en meine Auge' gleich.
Aber wär mr d Aihr vergönnt,
aih mes nemmt en d Gloria –
Sie, weil Sie oan gelte' lend,
tät e vorher gearn noh na."

Leicherede'

„Wa lachest denn so en de nei'?
Iatz konnst doch grad vo' sellre' Leich,
des ghaört se et . . ." – „Sell ist mir gleich,
i wött a' sei're Stell et sei'." –

„Morom denn et, du alter Narr?
Noch deare' Grabred konnt dersell
en Hemmel, et wia du en d Höll." –
„Dean moan e et, i moa' de' Pfarr:

Wenn dear mol uf seim Taotebett
muaß beichte', wa-n-r älles schwätzt
am Grab, noh langet, wenig gschätzt,
e' Dutzed Kapuzener et . . ."

Am Stammtisch

s hend älle glachet ob deam Witz,
nao oar sitzt do ond lachet et.
Dear hebt ehn uf, narr, dear ist knütz,
dear lachet eest heut Naacht em Bett.

D Wusel

Mei' Wusel ist e' Pudelhond,
neu' Johr alt, schwaaz ond kugelrond,
mit Äuglen – graoß ond wif ond brau' –
wer kö'tt au deane wíderstaoh'?
E' Weible, aber wenn se muaß,
noh lupft se wia e Rüad de' Fuaß.
Ond gscheit! de' machst dr koan Begriff:
se goht ufs Woat ond uf de' Pfiff.
Ond wenn e schilt: „Was host wied gschleckt,
des därf ma' doch et, des ist Pfui!"
noh gucket se, als sei re's nui,
ond de'kt: was woaßt denn du, was schmeckt!

Se hot en gsonde'-n Appetit,
se schlappret, wurgt ond läbberet,
daß s Gschirrle nao so kläpperet,
ond ihre Aohre' fresset mit.
Ond wemma' ihrem Teller,
solang se frißt, en d Nähe konnt,
noh leert ses om so schneller
vor Fuaterneid – so send au d Hond . . .

Se bleibt beim Haus ond stromeret et,
ist au koa' Leutverreißer,
nao geng se zeitweis, wenn se kö'tt,
mit jedem Bullebeißer.
S ist halt e' Weible – grad so blend,
wenn a' se konnt, wia d Männlen send.

Ond wenn e s Halsband lang ond sag:
„Iatz därf se mit spaziere', komm!“ –
deescht ihre' schö'gste Stond am Tag:
noh hopst ond sprengt se om me rom
ond reißt ond zuht ond zerret
am Reame' rom wia närret,
so daß e nemme woaß: führ *i*
des Hondle oder s Hondle mi?

Noa', schwätze' ka' se et – wa tuats?
vielleicht wärs koa' Vergnüage',
ond überhaupt, s hot au sei' Guats:
se ka' drom au et lüage'.

Halt! Daß e s reacht verzehl ond ganz:
se ka' doch schwätze' – mit em Schwanz.
Mol wedlet se, mol stoht r still,
uf dia Weis sait se, was se will.
Ond zuht se-n ei', ond trait se-n haoh,
noh sieht ma' a' dem Stömpfle gnau,
wia s Wetter ist bei Herr ond Frau.

Ond komm e obeds hoam vom Gschäft,
noh sprengt se a' mr nuf ond bäfft
vor lauter Freud ond schleckt me a,
als käm e aus Amerika.
Ond hao'-n-e *noh* so Ärger ghet –
s ist weg, als hetts dr Luft verweht.
So ist mei' Wusel – s hot sein Grond,
morom e so des Menschle lob . . .
Drom wuur e rabiat ond grob,
wenn d Leut oft saget: nao e' Hond!

Grätig

„Wa guckest denn heut so vernaglet?
De' hockest so ao'selig rom,
as hetts dr de' Wenget verhaglet,
wa host denn, wa treibt de denn om?" –

„I will heut mit neamed dischkriere',
ond wa ma'-n-au sait, nemm e kromm,
i ka' me kaum selber prästiere' . . .
I woaß doch et, frog et so domm."

Wenn dr Horaz schwäbisch gschwätzt hett...

(nach Horatii Carmina, I, 9:
„Vides ut alta stet nive candidum...“)

Do, guck: dr Wurmlinger Berg ist bis a' de' Gipfel nuf
verschneit, ond d Storre' vo' Bire'-n-ond Äpfelböm
druckts zsemme' schier, ond Ammer ond Necker
send en dr grausige Kälte gfraore'.

Verschaich se ond schür, spar et am Holz für de'n-Ofe',
Eest reacht et am Wei'! Gang, nemm des Butelle do
ond füll mrs bis nuf a' des Strichle!
Host noh dean ältere? Heut ma'gs leide'.

Fürs ander lemmer aoseren Herrgott sorge':
Dear sait zom Luft, ond bloset r noh so arg:
Haör uf! ond s regt se koa' gozziger Gipfel
maih a' de Böm ond de haögste Tanne'.

Drom lass dei' Gfrog, was morge' dr Tag breng,
sei fraoh om en jede', mo de' noh grattle' ka'st.
Ond lass koan Ta'z ond lass mr koa' Mädle
naus, wenn se jong ist, solang de' noh selber

Beinander ond gsond bist ond uf em Rollekopf
noh koa' groos Hoor host. Zeig, das de' e' Kerle bist —
am Obed, wenns gilt beim Monkle'n em Donkle',
selt uf deam Bä'kle am Wäldle dobe'.

Ond wenn se verschlupft vor dr hentre' me'
Tanneboom
ond lachet, weil de' se suache' muaßt, noh nemm se
en Arm ond päpp ere' glei oan ufs Göschle,
aber en feste' – wuust seah', daß se s leidet.

„Ufrichtig ond gradraus . . .“

Nach einem alten Spruch

Ufrichtig ond gradraus
(mit Maß ond Ziel),
guatmütig bis dortnaus
(wenns Geld et em Spiel),
wenns sei' muaß, saugrob
(ond des hot se glei),
so ist dr Schwob
(oder moa't, daß r sei).

s Taschespiagele

Mir Schwobe' häbe bei ao's Schwobe',
so haört ma'-n-oft, en Stoa' em Brett. –
Ja no, mir müaßt ao's selber lobe',
de Andre tends jo et.

Ha wa, mir!

Vom Ländle hend ses ghet ond graoße Name'
vo' Landsleut ufzehlt voler Stolz.
Dr Schultes sait: „Was des betrifft, do ka' ma'
nao sage': s leit bei aos em Holz."

Dr Lehrer sait: „Daß die em Land gebore',
bestreit ich net, das kann ja sei',
blos send se alle drauße' erst was wore',
denn für Schenies ist s Ländle z klei'.

Sogar dr Schiller hat en d Fremde müsse'
ond hat sich dort sein Name' gmacht;
em Ländle hetts dr Schiller trotz seim Wisse'
sein Lebtag net zom Schiller bracht."

E' Dritter sait: „s ist ebbes dra', do henne'
sitzt leibhaft s Beispiel – gucket her:
was hett aus ao'srem Lehrer weare' könne',
wenn dear beizeite' gange' wär . . .."

Am Hemmelstörle

Meim Namenspatro' Sebastian Sailer z Ehre'

„Wa ist denn iatz schao' wieder laos?"
Gottvatter saits ond schleecht sei' graoß
Gebetbuach vole'-n-Ärger zua.
„Iatz lend me doch emol en Ruah
ond mei' Brevier volls feetig bette' –
i ka' iatz et ond will au ete'."

Dr Petrus bruttlet: „s stoh Oar dusse'
ond sait, r sei et weit vom Busse'
vierzg Johr lang Pfarr ond Pater gsei',
r hoff, Gottvatter lass en rei'.
Ihr seie, sag e, überlenkt;
druf sait r nao', r häb ses denkt,
noh waat r halt, r häb jo Zeit,
ond doderweage' gäbs koan Streit." –

„Wia hoaßt r ond wia sieht r aus?
Ma' fällt de Leut et nao ens Haus",
sait Gott dr Herr, „ond überhaupt,
hot dear en A'spruch, wia-n-r glaubt?"

„r hot e' weiße Kutte'-n-a'
ond s scheint e' reacht kommoder Ma':

r lachet gearn ond ist et domm,
koa' Frömmler, ehnder hoa'lich fromm,
ond manchmol au e' Grobian
ond schreibt se ›P. Sebastian‹.
Des hemmr doch schao' oan, i moa',
em Hemmel täts au oar alloa' . . ." –
„Gang, Petrus", sait dr Herr, „ond suach
noch seine guate Werk em Buach." –

„r hot", sait Petrus, „neamed gschädigt,
nao Messe' glease', Beicht ghaört, predigt
ond neabeher, so be'-n-e briichtet,
für Bassleta' e' bissle diichtet." –
Dr Herr sait: „No, s ist grad koa' Send,
solangs dia Buuscht et drucke' lend.
Wa hot r gschriebe'?" – „Dees ists grad,
Herr, sieh-n-ems noch en dei're Gnad:
Komödene' vo' fromme' Sache'
uf Oberschwäbisch ond zom Lache':
vom Luzifer – do sag e wenig –
ond vo' de Heilige Drui König.
Ond s Ällerärgst: en zwee devo'
send Ihr, Gottvatter, d Hauptperso' –
e' Schand, wia dear Ui schelte' loht,
weil d Eva Ui a' d Epfel goht!
Was soll e mache', liaber Gott:
ehn rei'lao' oder schick en fott?"
Gottvatter schmonzlet: „So, descht dear!
Mach tapfer uf ond hol mrn her,
der därf mr et uf Höllefahrt."
r streicht sein lange' weiße' Bart.

„Ond saist em glei, r sei willkomme',
i häbs em et en übel gnomme',
ond sei-n-em schao' e' Plätzle griicht –
wa machst denn für e' sauers Gsiicht?
Narr, wemmr nao noh maih so hettet:
fromm glachet ist so guat wia bettet."

Dr Petrus mao'zt: „Descht au e' Grond!"
ond rasslet mit seim Schlüsselbond:
„Noh ebbes, vor ein rei'lass, Herr,
i glaub, des geit e' baös Geplärr
z Tübenge' bei dr Fakultät –
dia hend doch Händel mit em ghet ..." –
„Laß schreie'", sait Gottvatter, „s Gscherr
ist äwel gscheiter wia dr Herr ..."

Aria

aus dem lateinischen ›Prologus‹ Sebastian Sailers
zu seiner ›Schöpfung‹

Cui semper in fronte stant rugae,
cui creant fastidium nugae,
honestus cui risus
est gravis, invisus,
huic est heteroclita mens.

Non semper est tempus plangendi,
est tempus subinde ridendi.
Hinc quaedam cantabo,
nec multum curabo,
si rodat me criticus dens.

Übersetzung

Wer Gsichter macht sauer wia Essig,
ond wäret dia Gspäß noh so gspäßig,
  wean guatmütigs Lache'
  nao traurig ka' mache',
dersell ist e' trauriger Gsell.

Ma' ka' doch et älleweil flenne',
ma' muaß doch au lustig sei' könne'.
  I seng, wia mrs z Muat ist,
  obs schlecht oder guat ist,
ond d Krittler, dia könnet mi äll . . .

Aus „Sebastian Sailer, Die Schöpfung", herausgegeben von L. Lohrer, mit einem Nachwort von Sebastian Blau. Marbach, Turmhahn-Bücherei 23/24.

En Alter sait:

„Nao solang ma' jong ist, leabt ma',
weil oan s Morgig et arg gräabt.
Später schaffet, wuahlet. streabt ma' –
gnau bseah' *wuud* ma' nao noh gleabt."

Epheser 5, 28

Was soll des Gschwätz, i mög de nemme,
i gäb dr koa' schö's Wöatle maih
ond sag au et: komm, Mädle, nemm me
en Arm! – Sei *dees* denn noch en Aih?

Bist still ond mach mr koane Faxe':
vierzig Johr send mir verheiret, Weib,
do ist ma' mitenand verwachse',
ond ist oa' Heaz ond Seel ond Leib.

Des Gschleck – wer kö'tts denn noh vertrage',
mo du und i de gleich Perso'?
Des hieß jo zo mir selber sage':
i ma'g de noh!

„Schön ist die Jugend …“

Was suachst denn, Weib, was host verlaore’?
Sennierst mr so en Spiagel nei’ …
Komm her, i sag drs leis en d Aohre’:
Suach liaber glei de’ fearndig Schnai.

Aufklärung

„O Mamme', mo kommet denn d Kenderlen
her?" –
„I hao' drs doch gsait: vom Storch, dommer
Bua'." –
„Sell schao', aber sag mr, moher hots noh dear?" –
„Vo' s Haierles Gaate' – iatz laß me en Ruah!" –

„Vo' s Haierles Gaate'?" – „Ha jo, en dr Näh
do hot r doch s Nest uf em Bischofspalais.
Ond selt ist em Gaate' dr Kendlesbronne',
do holet rs ruf vo' ganz tiaf donne'
ond fischet se raus mit seim spitzige' Schnabel,
ond doher hend Kender e' Löchle em Nabel.
Noh brengt rs dr Mamme' ond beißt se en Fuaß
so daß se e' Weile ens Bett liege' muaß.
Ond wenn de' vom Storch mol e' Brüaderle witt,
muaßt Zucker nauslege' ufs Fea'sterbritt . . ."

Ihr lachet – wer glaubt noh a sottige Märlen?
Ma' konnt doch dehenter em Lauf vo' de Jährlen . . .
Wenns so ist, noh ka'-n-e jo mittoa' beim Lache':
ihr glaubet doch oft noh ganz andere Sache'.

Liebeserklärung

Se send mitnand spaziere' gange'
ond hend sich uf e' Bä'kle gsetzt.
Er hot nonz gsait, ond sie nonz gschwätzt,
ond jedes tät gearn nüberlange'.

Er de'kt: e' saubers Frauezemmer,
ond hot se mit dr Ahsel gschuckt,
ond sie ist bißle näher gruckt –
do schnauft r ond sait: „Noh wemmer . . .?“

Schwäbisch

Sait ma'-n-ao's au heats ond deats
überlaute Grobheit noch –
au en ao'sre' rauhe' Sproch
 reimt se Heaz auf Schmeaz.

So isch noh au wieder . . .

Gestert, wia-n-e do so sirmle
uf meim Bä'kle, dob am Wald,
sieh-n-e zmol e' Sonneschirmle
en de Tanne' ond e' Gstalt.

Glei druf tuats en Schrei, en süaße':
„Karl, e' Rehle! O wia nett!
Nei', wie kann mr so was schiaße',
so was Goldigs – i könnts et . . ."

Obeds – i hao' s schao' vergesse' –
gang e wieder mol ens ›Lamm‹,
wer hockt do ond bstellt sei' Esse?
Seller Karl ond sei' Madam.

„No nix Fetts, sonst muß e's büaße' –
Fräulein, send dia Ripple' fett?"
Aber sie mit ihrem süaße'
Stemmle bstellt — e' Rehkotlett.

Vom Grüaße'

Älles hot en ao'srem fromme'
Städtle noh zo mei're' Zeit,
ist e' Hairle oam verkomme',
„Globt sei Jesus Christus“ gsait.

Zo de Herre' ond Beamte,
Fabrikante' und so fott
hot ma' höflich gsait mitsamt de
Titel, wia sichs ghaört, „Grüaß Gott“.

„Guten Tag, Herr Oberlehrer!“
hot ma' plärret en dr Klass,
hochdeutsch ond so laut, as wär r
noh am obre'-n-Eck vo'r Gass.

D Wengeter ond d Baure'-n-aber,
vo Natur aus bhäbe Leut,
dia hend aohne langs Palaver
uf chinesisch „Au schao'?“ gsait.

Zmol host äll dees nemme därfe',
aus ists mit em Huat-ra-ziah'!
Ond ma' hot beim Arm-nuf-werfe'
s O'heil mit em Name' bschria'.

Manchem, mo de'-n-Arm verrenkt hot,
weil ma's halt, gottsname', muaß,
hot ma' s a'gseh, daß r denkt hot:
„Au dr schwäbisch ist e' Gruaß“.

Sprichwörtliches

Älles geit se mit dr Zeit.
Send au manche noh so närret,
nao Geduld, au dia wend gscheit.
Wenn? Wenn d Henne' fürsche schärret.

*

Ond se schwenket d Mao-Büachlen:
s Kalb will gscheiter sei' wia d Kuah.
Freilich bächt Kurasche Küachlen,
aber s ghaört au Schmalz dezua.

*

Laß se mache', wemma' greane
Epfel frißt, noh kriagt ma's Gremme';
laß se mache', s wuud au deane
s Leabe' noh de' Pfipfes nemme'.

*

De Seine geits dr Herr em Schlof,
degege' d Sender
müaßts selber mache' wia zur Strof –
zom Beispiel d Kender.

*

„Dia kriagt doch koan maih, dia Gugommer,
debei wär Sach do – maih as viel.“ –
„Wenns Gottes Will ist“, sait e' Frommer,
„noh greanet au e' Beasestiel.“

*

Deam kälberet dr Sägbock uf dr Behne!
Descht älles reacht ond schö' ond guat,
nao frog e me, ond wäres noh so schöne,
wa dear mit so viel Sägböck tuat?

Liachtmess
(2. Februar)

Vo' Liachtmeß a' – do könn ma's messe',
wia jeder Tag iatz länger wear,
ma' brauch schoa' bald zom Obedesse'
koa' Liacht maih, hoaßts vo' altersher.

Ond älle schnaufet uf ond saget:
„Ma' ist doch glei e'-n-andrer Mensch,
wenns noch em trüabe' Wenter taget." –
Nao ebbes bleibt noh, wa-n-e wönsch:

I wönsch mr nao, daß em Kalender
vo' ao'srer Bondesboledik
dr Tag, mo s heller wuud, et mender
als Fest vermerkt wär – raot ond dick!

E'-n-alte Leier

r sitzt am Tisch ganz müad ond matt
bei rugge Brot ond Bachstoa'käs
ond mao'zt, r häbs a'hebe' satt,
r sags schao' lang, s sei nemme dees.

Vo' morgneds bis en Obed nei'
nao schaffe', wuahle', bis ma' sterb,
ond wemma' de'k, wias früher gsei',
noh komms oan a' – noh'mol so herb.

„Fangst wieder a'?" hot sie druf bäfft,
moa'st, nao für di seis nemme dees?
Ist denn vielleicht des Weibergschäft
ond s Kenderkriage' ebbes Schö's?

„Au i hao' bessre Zeite' gseah'
ond nonz vo' äll deam Elend gwißt,
statt Arbet hots Vergnüage' gea'
ond koane Sorge', wa ma'-n-ißt . . ."

Ond so gohts fott ond nemmt koa' End,
sell Liad vo'r guate'-n-alte' Zeit —
seit Gott dia zwee, mo s a'gstemmt hend,
hot aus em Paradies nausgheit . . .

Am Neabetisch
eme' Stuageter Café

„Daß i *Sie* mal wieder troffe',
dest mr jetz en arge Freud.
Alles gsund? Mr wollets hoffe' ...
Ach, des ist mr aber leid ...

Da kommt s Fräulein – mir e' Teele!
Wißt Se, was mei' Mann als secht:
Ha noh läscht halt dei' Kaffeele,
wenns dei' Mägle net vertrecht ...

Habet *Sie* e netts Kostümle!
Was, so billich? Ausverkauf?
Bloß des Muster mit dem Blümle,
gel, des trecht e' bißle auf ...

Fräulein, Kuche', bitte! – Sole.
Gucket Se mal, dia em Eck,
dere' sieht mrs ganz Popole –
i weiß net, dia Miniröck ...

Mit em Ding isch arg schnell gange' —
ja, des war e' gute Sääl.
No, d Pensio' wird ihre' lange' –
Noi', viel mähr, da sind Se fehl ...

Daß mei' Rösle sich verlobt hat –
ja, da gabs e' klei's Malhär:
weil sie's vorher mit ehm probt hat,
paßt re' scho' kei' Röckle mähr ...

Lasse mrs! I les da neulich
paar Gedichtle' vo' dem Blau –
o des Schwäbisch ist abscheulich,
so fulgär, mei' Mann sechts au ...

Noi', dr Willy net, des weiß e,
der spricht sähr gewählt und fei',
selbst des wüste Wörtle ›Schaiße‹
klingt beim Willy bühne'rei' ...

Dämpfet Sie beim saure' Sößle
mit em Mehle d Zwieble' mit?
Hoffentlich gibts bei mei'm Rösle
net au noh en Kaiserschnitt ...

Ja, i nimm noh so e' Küchle,
aber nachher muß i geh.
Gel, Sie machet bald e' Bsüchle,
daß mr schwätze' kann. Adje!"

Dr Pelzma'tel

„Do guck", sait sui, „iatz hot desell
en Ma'tel a' aus Goaßefell." –
„Jo", sait ihr Alter überlaut,
„es ka' halt koar aus sei're' Haut."

Em Radio

Schalt en aus, dean Klapperkaste',
mozua' hot r selle Taste'?
Muaß r denn de' ganze' Tag
wia dr Wasserhahne' laufe',
ka' ma' neaneds maih verschnaufe'
bis zom letzte' Glockeschlag?

Was se schwätzet oder senget,
ob ses deutsch, ob englisch brenget,
des verstohst eest noch ond noch:
s hiacht so überzwerch ond nobel,
Schwäbisch tuat wia Goschehobel
neabe' deare' feine' Sproch.

Aus me' Städtle wuud e' ›Steedtchen‹
aus me' Mädle wuud e' ›Meedchen‹,
aus re' Gaude wuud e ›Spaaß‹,
aus em Willy wuud e' ›Raichert‹,
weil r d Sproch oms ›ai‹ bereichert –
host en Cognac? breng e' Glas!

Ond wia gscheit ond bschlage' tend se,
ond was für en Lebtag hend se
mit em nagelnuie' ›Sex‹:
d Weibsleut hend halt bhäb beinander
voane' sell ond hente' s ander –
dofür sait ma'-n-iatz ›Komplex‹.

Ond vor ällem hend dia Tschode
fremde Ausdrück en dr Mode,
do konnt ao'seroa's et mit:
narr, e' Hering ist koa' ›hearing‹,
ond zom Bschiss saist besser ›clearing‹,
zom e' Lompeliadle ›hit‹.

s Gaigle'-n-ist iatz zmol e' ›hobby‹,
ond fürs Schmiere' sait ma' ›lobby‹,
zu re' Katzemusek ›band‹,
ond beim Sport zom Bscheiße' ›doping‹
ond zom Geldverputze' ›shopping‹
ond für Narreteie' ›trend‹.

›Fixer‹, ›striptease‹, ›beatles‹, ›hippies‹
— nao mit Naot breng über d Lipp i's —
›sound‹ ond ›pop‹ ond ›beat‹ ond ›Dschääs‹ —
oa' Gedudel, oa' Gebäpper,
ond i frog me, frißt denn ebber
Tag für Tag dean nuie' Käs?

s hot mol oar e' Versle gschriebe',
descht mr vo' dr Schual her bliebe':
„Muttersprache, Mutterlaut . . .“
Waat, i brengs vielleicht noh zemme',
jedefalls dr Reim tät stemme':
„wie so wonnesam ond traut . . .“

Ars brevis, vita longa

Em Radio sengt oar, s Leabe' sei schö',
ond juzget debei en de haögste Tö'.
Ka' sei', aber wemma's gnauer bedenkt:
nao *so* lang, as wia der Kerle do sengt.

E' fei's Lokal

Mei're' Lebtag wur e dees et vergesse':
gang e do gestert en Stuaget zom Esse',

weil e en Schnitt gmacht, sag e mr: s traits
heut emol en ere' bessere' Beiz.

Wia-n-e so sitz ond d Speiskaat studier,
komm e mr vor wia dr Ochs vor dr Tür:

Narr, i verstand vo' dr Gastronomie
nonz, ond dr Ober verstoht au et mi.

„Fleischbrühe" sag e ond brich mr schier d Zong.
„Hammr nich", sait r „nehmse ›Bulljong‹."

„Flädlessupp – kennt ma' des et en Berlin?" –
„Nö, awa ›Consommé Célestine‹."

„Äschesupp hend r uf jede' Fall . . ." –
„Hammr nich, nehmse doch ›Potage Lamballe‹."

Mo-n-en hao' gfroget: „Wia ists mit em Brote'?"
hot r zo ›Rossbiff‹ ond ›Entrekott‹ grote'.

„Ist do au Schü debei?" – „Wat fürn Jeunke!
Schü — wat is Schü? Wir haben nur ›Tunke‹."

„Knöchlen mit Kraut – des hend r doch wohl?“ –
„Nö, awa Aisbain mit Sauakohl.“

„Ei'gmachts Kalbfleisch wär au ganz schö' ...“ –
„Hammr nich, nehmse doch ›Kalbsfricassée‹.“

„Saure Kuttle'?“ – „Wat fürn Jefräß?
Nehmse doch ›Tripes à la lyonnaise‹.“

„Siadfloasch mit Gürklen ond Meerrettich?“ – „Nö,
hammr nich, nehmse den ›Pot-au-feu‹.“

„Oder au Buabespitzlen mit Kraut?“ –
„Wohl Kannibale? Mensch, sahrnses nich laut!“

„Au et en Dotsch, ma' verzwazzlet jo schier?“ –
„Nö, awa nehmse en ›Omlett‹ dafür.“

„Kratzete au et mit Zwetschge'-n-ond Schnitz?“ –
„Kratzete? – Ausschlach! det is ja en Witz.“

„Gaisburger Marsch?“ – Ond r schüttlet de' Kopf:
„Nö, awa schwebischen Suppentopf.“

„Maultasche' wenigstens?“ – „Hörense mal:
›Maul‹ – sowat jibts nich in unser Lokal.“

„Aber doch Spätzlen?“ (was bleibt oam uf d
Länge?) –
„Könnense haben in jeder Menge ...“
Was für e' Wonder en ao'serer Zeit,
daß es en Stuaget noh Spätzlen geit!

Dr letzt Schwob

Älle Völker ka' ma' haöre',
Leut vo' älle Stemm ond Städt,
älle Sproche' — außer mei're':
Schwäbisch haört ma' z Stuaget et.

Jugoslafisch, Italienisch,
Spanisch, Türkisch weit ond broat,
ond Arabisch, Griachisch, Jenisch,
aber Schwäbisch? et e' Woat.

Pommrisch, Böhmisch, Plattdeutsch, Schlesisch,
ond Berlinisch überlaut,
s wuud en Bälde mit Chinesisch
s Schwäbisch vollzger ganz versaut.

Ond natürlich haört ma' Preußisch,
aber Schwäbisch? kaum vom Klett,
höchstens Honrazjore'-Heußisch,
aber des machts Kraut et fett.

S wuud sogar uf Suaheli
ond uf Bantu kauterwelscht —
aber morom führ ond zehl i
älles uf, was d Sproch verfälscht,

wemma' schao', was Send ond Schad isch,
dobe', mo ma'-n-aos regiert,
nemme schwäbisch, nao noh badisch
mitenander dischkeriert?

Ist denn ao'ser Sproch verbotte'
oder s Schwäbisch so verstaubt,
alt ond rostig zom Verschrotte'?
Geits noh Schwobe'-n-überhaupt?

S treibt me drom schao' lang d Idee om:
beißt dr Blau emol ens Gras,
stellt ma'-n ausbälgt ens Museom
als de' letzte' – henter Glas.

s Stuageter Rößle

Des muatwillig Rößle em Stuageter Wappe',
des brengt de vo' ganz alloa' uf de' Trappe',
morom ma' se z Stuaget so ao'scheniert
ond so oft uf em Rothaus vergaloppiert.

Emanzipation

Wemma' sust vo' oa're gsait hot,
sie als Weib häb d Hose'-n-a',
hots nao *oan* gea', deans et gfreut hot –
guat verrote': ihren Ma'.

Hose'-n-a' hend heut schier älle,
do schwätzt neamed maih dra' na',
aber nui ist: s hend deselle
meistens au noh d Hose'-n-a' . . .

D Frau Hurlebaus

Älls ist do: dr Farbfernseher,
s Auto ond e' Spüalmaschee,
s Pelzcape ond dr Rasemäher
ond e' ›Wochenend‹ am See.

Ebbes fehlt noh: äll dia Dame',
me so kennt vom Kino her,
häbe, sait se, schönre Name' –
›Frieda‹ sei so ordinär.

Dorom suacht se für ihr Kloane
au en schicke' Name' raus,
ond r paß et übel, moa'-n-e:
›Carmencita Hurlebaus‹.

Die Sex-Welle

Se hend e' Gschiß, de' kö'test moane',
ma' häb eest heutzutag dean kloane',
uralte' Onterschied entdeckt,
mo en de Röck ond Hose' steckt.

Ond weil des so e' graoßer Fond ist,
zeigt jede, was an ihre' rond ist
vom Hals bis na zom Hauptquattier,
ond biatets aus wia sauers Bier.

Ma' gwöhnt se dra' ond sait: „Kotzdonders,
ist dees vielleicht noh ebbes Bsonders?"
Se brenget oan demit oms Best —
wer fendt noh ebbes Nuis em Nest?

Dear ›Sex‹ — des ist e' modischs Übel,
wer woaß denn noh, daß noch dr Bibel
dr Adam eest de' Brote' gschmeckt hot,
mo d Eva s Müatterlich verdeckt hot?

kleinschreibung

„aufpaßt, kender!“ sait dr lehrer,
„mit dr alte’ schreiberei
ischt es aus jetz, weil se schwerer,
jetzet schreibt mr alles klei’.

„dodurch wird, wia’s an dr zeit ischt,
s demokratisch wese’ gstärkt,
weil, ob oiner domm, ob gscheit ischt,
bei dr klei’schrift niemand merkt“ . . .

reacht so! d kender nao dra’ gwöhnet,
daß es en dr heutige’ welt
nao noh o a s geit, mo s verdeanet,
daß ma’s weiter graoßschreibt: ’s GELD.

Noch dr Kirbe

Em Alter, sait ma' tärs en Ruck
mit oa'm en d Kenderzeite' zruck.
Descht wohr, nao hot se s Blättle dreht,
seit daß dr Luft dur d Stupfle weht:
guck, mo dr Bua' vom übervole'
Renetteboom hot Äpfel gstohle',
do bleibt, ka'st jomere' ond bräagle',
do bleibt em Alte' nao noh s Späagle'.

Dr letzt Ländler

s ist gnuag iatz! mahnet hoa'lich s Alter,
s ist gnuag iatz, leg en aus dr Ha'd,
dein ao'moderne' Feadrehalter
ond he'k dein Dudelsack a' d Wa'd.
  S hot älls sei' Zeit –
  iatz isch so weit.

So sait es Alter kuuz ond böndig.
Au wemma's merkt, ma' will partuh
et glaube', daß ma'-n-überständig –
o Muatersproch, bist et au du
  e' Kittel – z eng
  ond z grob ond z reng?

De Alte gehnd devo' ond nemmet
au di mit, Jonge rucket noch;
se lachet über di ond stemmet
e' nuis Liad a' en *ihrer* Sproch –
  nao raschlets mir
  z arg noch Bapier.

Do hilft koa' Breche'-n-ond koa' Biage',
so isch! Vielleicht be'-n-i dr Letzt,
mo aus deim Dudelsack zo seim Vergnüage'
de' letzte'-n-alte' Ländler quetscht.
  Ond iatzt: Adjee,
  i dank dr schö'.

D Kirche'-n-Uhr
(am Silversterobed 1972)

„He, Tuuner, gib dei' alte Uhr,
hilfts Schmiere'-n-et, emol en d Kur.
Se goht jo noch — om viel sogar!“
So schreit johraus, johrei' s jong War.
Iatz *mir*, des Deng sei, wia'-n-es wöll,
mir goht se ehnder z schnell.

Wort- und Sacherklärungen

A

Aberwitz: Wahnsinn, Irrsinn. *Ahsel:* Achsel. *Aih:* Ehe. *ane:* vor sich hin. *ao'selig:* unselig, unruhig. *ars brevis:* Umkehrung des lateinischen, eigentlich von Hippokrates stammenden Worts „vita brevis, ars longa“ = das Leben ist kurz, die Kunst ist lang. *Artillerie* (der Bürgerwache): zwei bespannte Vorderladerkanonen zum Salut-Schießen. *Äschesupp:* Erbsensuppe. *äwel:* alleweil, immer.

B

bäfft: bellt, kläfft. *Bassleta':* zum Zeitvertreib (französisch „passe-le-temps“. *uf Beit:* auf Borg. *Bengel, Moritz* †*:* volkstümliches Musikgenie, viele Jahre Dirigent der Rottenburger Feuerwehr- und späteren Stadtkapelle. *bhäb:* dicht, eng aufeinander; übertragen: genau, knauserig (mittelhochdeutsch „behebe“). *bräagle':* umständlich reden, unaufhörlich tadeln, brutteln. *Buabespitzlen:* Schupfnudeln. *Bussen:* der heilige Berg Oberschwabens. *Butelle:* kleines Weingefäß aus Glas (französisch „bouteille“).

C

Consommé Célestine: Flädlessuppe.

D

Dämpfer gea': einen ducken, einem mit Worten eins versetzen. *Dock:* Puppe. *doße':* dösen, schläfrig sein (mittelhochdeutsch „dôsen“). *Dotsch:* Pfannkuchen. *dusma':* sacht, leise (französisch „doucement“).

E

Egne': Ehingen, der rechts des Neckars gelegene Teil der Doppelstadt Rottenburg-Ehingen. *ehnder:* eher. *Epheser, 5, 28:* „Also sollen die Männer ihre Weiber lieben wie ihre eigenen Leiber, wer sein Weib liebet, der liebet sich selbst.“

F

Falbele': Falbeln (französisch „falbala“ = Zierrat am Rock, übertragen: auffallender, schlechter Geschmack. *Felle †:* früherer Hausmeister des Rottenburger Gymnasiums, vielleicht vom Vornamen Valentin abgeleitet. *fearnd, fearndig:* früher, eigentlich: vorjährig. *Füdle:* das Hinterteil.

G

Geite': Enten. *gel, gelt:* es soll gelten, Herausforderung einer Bestätigung oder Zusage; oft sinnlos gebrauchter Sprachsplitter, vor allem im Stuttgarterischen. *gozzig:* gotteinzig, einzig. *gopfersprich:* Gott versprich, Erläuterungsformel „das heißt“, „das soll heißen“. *Goschehobel:* Mundharmonika. *gräabe':* bekümmern. *grattle':* mühsam, schwerfällig gehen. *gruabe':* ruhen, ausruhen (mittelhochdeutsch „geruowen“, „geruowec; = grüabig. *gruppe':* sparen. *Gschleck:* Abschleckerei, Küsserei. *Gschur:* Schererei, mühsame Arbeit. *Gstor:* Star. *Gugommer:* Gurke (französisch „concombre“).

H

Haierle: Herrle, katholischer Geistlicher. *Haierles Gaate':* der Garten um das bischöfliche Palais in Rottenburg, auf dessen Dach sich ein Storchennest befand. *heats ond deats:* hier und dort (eigentlich: hierseits und dortseits). *hiache':* tönen, schallen. *Himmel:* tragbarer Baldachin über dem Allerheiligsten bei Prozessionen. *hoa'lich:* heimlich. *hudle':* übereilt und oberflächlich arbeiten.

K

Kapitel: hier das Domkapitel. *en dr Klag laufe':* bei Beerdigungen gehen Verwandte oder Freunde des Verstorbenen einzeln hintereinander hinter dem Sarg, wobei der Hut aufbehalten wird. *Klupp:* hier in den Fingern, in der Gewalt haben. *knopple'* oder *knupple':* an etwas herumfingern. *knuble':* knien. *krätteweis:* korbvollweise. *Kratzete:* Eierhaber.

L

leschär: ungezwungen, umgänglich, leutselig (französisch „leger").

M

mao'ze': widerwillig, auch aufsässig murren. *Martini* (11. November): war früher der Wandertag der Dienstboten.

N

Neaber: Eber, das n vom unbestimmten Artikel wird zum Hauptwort gezogen. *Niedernau:* früher kleines Mineralbad oberhalb Rottenburgs, schon von den Römern besucht. *nonz:* nichts.

P

paffe': hörbar Pfeife rauchen. *päpp:* Imperativ von pappen, kleben. *Pfetschekendle:* Kind im Tragkissen. *Pfipfes:* eigentlich Zungenkrebs bei Hühnern, einem den Pf. nehmen = einem den Übermut austreiben. *pfloa'tsche':* sich müde oder faul hinfallen lassen. *Pot-au feu:* gekochtes Rindfleisch. *Potage Lamballe:* Erbsensuppe.

R

Reff: böses Weib. *Renette':* Apfelsorte (französisch „reinette"). *reng:* gering, dürftig. *rugge Brot:* Schwarzbrot.

S

Sailer, Sebastian (1714–1777): Kapitular des Prämonstratenser-Reichsstifts Obermarchtal an der Donau und Pfarrer zu Reutlingendorf und Dieterskirch (O/A. Riedlingen); schrieb u. a. drei „biblische Komödien" im kräftigsten oberschwäbischen Dialekt; S. gilt als der Vater der schwäbischen Dialektdichtung. *Sarras:* (polnisches Wort) schwerer Säbel, um 1738 in die Literatursprache eingegangen. *secht:* Stuttgarterisch für „sagt". *siag:* alte Konjunktivform der ersten und dritten Person in der Einzahl von „sagen" = ich (er, sie) würde sagen. *sole:* Verkleinerungsform von „so" wie „sodele". *späagle':* nach der Obst- und Weinernte hängengebliebenes Obst einernten dürfen (von lateinisch „speculari“ = sich umsehen). *dr Stenker:* Übernahme eines Rottenburger Originals; er hat nichts Ehrenrühriges, er ist lediglich eine derbe Anspielung auf den Beruf des Trägers, der Frisör war; sein Stolz war, ein Haarwasser erfunden zu haben und Kommandant der Bürgerwache zu sein. *Stömpfle:* kleiner Stumpf, Stummel. *Storre':* krummer alter Baum (mittelhochdeutsch „storre“). *Stupfle':* Stoppeln auf den abgeernteten Getreideäckern (von lateinisch „stipula“ = Strohhalm). *Sülchen:* Friedhof der Rottenburger. *schasse':* fortjagen, vertreiben (französisch „chasser“). *Schnitt:* einen Schnitt machen = ein gutes Geschäft, einen Profit machen. *Schomm:* Schaum. *Schüh:* Brühe, Sauce, Tunke (französisch „jus“). *Schwalbenschwanz:* Frackschoß, Frack, Cutaway. *Schwenker:* Cutaway. *Schwittjeh:* Luftibus, Windbeutel (von französisch „suite“, „suitier“).

T

Tafle': Tafeln, eingerahmte Heiligenbilder. *Tantum ergo:* Teil des Fronleichnamstagshymnus von Thomas von Aquin; wird zum sakramentalen Segen gesungen. *Tripes à la lyonnaise:* gedämpfte Kutteln. *Tschode,* auch Schaude, Schode: überspannter Mensch, Halbnarr. *Tuuner:* Türmer, Turmwächter, (mittelhochdeutsch „turn“, „turner“).

U

ui, uier: euch, euer. *Urbesbrüder:* die 24 Mitglieder der 1401 gegründeten Rottenburger Urbansbruderschaft.

V

verschaiche': verscheuchen, wegjagen. *vollzger* und *volls:* vollends.

W

War, s jong: junge Leute, junges Volk. *weifle':* wanken, schwanken, besonders von Betrunkenen („Wipfel“). *wemmer:* wollen wir, Aufforderung, gemeinsam etwas zu beginnen, an etwas gehen. *Wichs:* studentischer Ausdruck für Galakleid. *Wonderfitz:* Neugierde. *wött:* Konjunktiv von „wollen“; ich (er, sie) wollte, möchte. *wuahle':* ohne Unterlaß arbeiten (mittelhochdeutsch „wüelen"). *Wusel:* von „wusele", sich lebhaft, flink bewegen.

X

Xenia: griechischer Frauenname, eigentlich „die Fremde".

Inhalt